Bibliografische Information der Deutschen Nationalbibliothek:

Die Deutsche Bibliothek verzeichnet diese Publikation in der Deutschen National-
bibliografie; detaillierte bibliografische Daten sind im Internet über http://dnb.d-
nb.de/ abrufbar.

Impressum:

Copyright © 2016 GRIN Verlag, Open Publishing GmbH
Druck und Bindung: Books on Demand GmbH, Norderstedt Germany
ISBN: 9783668362635

Dieses Buch bei GRIN:

http://www.grin.com/de/e-book/346711/staatliche-handlungs-und-reformfaehigkeit

Andrea Schu

Staatliche Handlungs- und Reformfähigkeit

GRIN Verlag

GRIN - Your knowledge has value

Der GRIN Verlag publiziert seit 1998 wissenschaftliche Arbeiten von Studenten, Hochschullehrern und anderen Akademikern als eBook und gedrucktes Buch. Die Verlagswebsite www.grin.com ist die ideale Plattform zur Veröffentlichung von Hausarbeiten, Abschlussarbeiten, wissenschaftlichen Aufsätzen, Dissertationen und Fachbüchern.

Besuchen Sie uns im Internet:

http://www.grin.com/

http://www.facebook.com/grincom

http://www.twitter.com/grin_com

Berufliche Schule Wirtschaft und Verwaltung

Hausarbeit - Sozialkunde

Staatliche Handlungs- und Reformfähigkeit

Eingereicht am: 15. Februar 2016

von: Andrea Schult

Inhaltsverzeichnis

1 Einführung

Die vorliegende Arbeit wurde im Rahmen einer Sozialkunde Hausarbeit angefertigt. Das Thema dieser Hausarbeit ist die „Staatliche Handlungs- und Reformfähigkeit". Aufgrund des begrenzten Umfanges dieser Ausarbeitung können viele Themenpunkte nur kurz angeschnitten werden. Es wird versucht an entsprechenden Stellen auf weiterführende Literatur zu verweisen.

1.1 Einleitung

Diese Hausarbeit beschäftigt sich mit dem Thema der staatlichen Handlungs- und Reformfähigkeit. Es handelt sich dabei um einen sehr umfangreichen Bereich, beispielsweise in Bezug auf die verschiedenen Staatsformen. Wer darf was entscheiden?

In dieser Ausarbeitung werden einige ausgewählte Bespiele näher erläutert. Dieses vielseitige Thema erstreckt sich über viele Bereiche der Politik und des alltäglichen Lebens. Wir werden jeden Tag damit konfrontiert, da der Staat die Vorgaben für die Bevölkerung beschließt und durchsetzt. Wenn der Staat in seiner Handlungs- und Reformfähigkeit eingeschränkt wird, wirkt sich dies auf den Bürger aus. Deshalb werden in Debatten oft Fragen zur Handlungsfähigkeit und zur Möglichkeit von Reformen aufgeworfen. Ein aktuelles Beispiel, welches dies verdeutlicht, sind die Übergriffe in der Silvesternacht (31. Dezember 2015) am Kölner Hauptbahnhof. Unmittelbar nach diesem Vorfall entstand im Bundestag eine erneute Debatte über die staatliche Handlungsfähigkeit und ob diese bei solchen Vorfällen ausreichend gegeben ist oder aufgrund der Gesetzeslage eingeschränkt wird. [1]

Die allgemeinen Begrifflichkeiten werden im Kapitel 2 erläutert, wobei es sich lediglich um eine Auswahl handelt. Die Einschränkungen der staatlichen Handlungs- und Reformfähigkeit (Kapitel 3) werden auf drei verschiedene Bereiche beschränkt (Einschränkungen während einer Finanzkrise, Lobbyarbeit und Korruption und internationale Verträge, staatliche Bündnisse und Verpflichtungen). Im Kapitel 4 wird anhand von konkreten Beispielen, in verschiedenen Staatsformen, die Ausführung und Einschränkung der staatlichen Handlungs- und Reformfähigkeit erläutert.

Beginnend mit einer Diktatur (Kapitel 4.1), wird die Entscheidung einer einzelnen Person und deren Auswirkungen anhand des Beispiels von Muammar al-Gaddafi ausgeführt.

Um diese Thematik auch auf die Bundesrepublik Deutschland zu beziehen, wird in weiteren Beispielen (Kapitel 4.2) die Demokratie anhand der Entscheidung des Bundestages über das Meldegesetz mit weniger als 30 anwesenden Abgeordneten und die Verabschiedung der sogenannten Hartz IV-Reform näher betrachtet.

2 Begriffsbestimmung „Staatliche Handlungs- und Reformfähigkeit"

In diesem Abschnitt werden grundlegende Begriffe erläutert und beschrieben. Die Definition der Begriffe Handlungsfähigkeit und Reformfähigkeit ergibt ich aus dem jeweiligen Wortlaut: Die Fähigkeit zu Handlungen und Reformen. Um diese jedoch eingehender zu beschreiben, wird im ersten Abschnitt der Zusammenhang von staatlicher Handlungs- und Reformfähigkeit erläutert. Weiterführend wird im Kapitel 4 auf eine Auswahl von verschiedenen Staatsformen eingegangen.

2.1 Zusammenhang von staatlicher Handlungs- und Reformfähigkeit

Für die Beschreibung der verschiedenen Begrifflichkeiten ist eine Aufteilung erforderlich. Allem voran der Staatsbegriff an sich. Dieser beschreibt, dass der Staat eine Vereinigung von Menschen innerhalb eines abgegrenzten geografischen Raumes, unter einer souveränen Herrschaftsgewalt ist. [2] Kurz, ein Staat besteht aus einem Staatsvolk, einem Staatsgebiet und einer Staatsgewalt. Auch wird der Staat in verschiedenen Wissenschaften als handelndes Subjekt bezeichnet. Ein Staat ist erst handlungsfähig, wenn die Souveränität gegeben ist, wenn also der Staatsbegriff (mit Staatsgebiet, Staatsvolk und Staatsgewalt) erfüllt ist. Das „Handeln" im engeren Sinne ist die bewusste, zweckorientierte Umgestaltung eines gegebenen Zustandes. Daraus ist zu schließen, dass die staatliche Handlungsfähigkeit die Fähigkeit des Staates ist eine Veränderung des Bisherigen herbeizuführen. Ein Staat kann also auch nur reformfähig sein, wenn er handlungsfähig ist. Eine weitere Voraussetzung ist der Wille des Staates etwas zu verändern. Nach Ludger Helms wird die Fähigkeit und der Wille der maßgeblichen Entscheidungsakteure des (politischen) Systems zur Planung und Umsetzung politischer Reformen vorausgesetzt. Aber auch die Entscheidung nicht zu Handeln bzw. Reformen durchzusetzen zeugt von Handlungsfähigkeit. [3]

Prof. Dr. Renate Mayntz hat dies wie folgt beschrieben: „*Man kann fähig sein, etwas zu tun, kann es aber auch unterlassen, so wie man Macht "haben" kann, ohne sie anzuwenden; sowohl das abstrakte „Können" als auch der politische Wille, prinzipiell verfügbare Instrumente einzusetzen, sind Beschränkungen unterworfen. Die wählbaren Optionen der Politik sind das Produkt aus dem Zusammenspiel von (beschränktem) Wollen und (beschränktem) Können. In der Tat wird staatliche Handlungsfähigkeit in empirischen Analysen auch genau in diesem Sinne verstanden: Politik tut (nur), was sie unter den jeweiligen Gegebenheiten tun und wollen kann.*" [4]

Die Einschränkungen der staatlichen Handlungs- und Reformfähigkeit werden im dritten Abschnitt (Kapitel 3) dieser Arbeit näher ausgeführt.

2.2 Staatsformen (Auswahl)

Die Tabelle 2.1, dient zur kurzen Beschreibung ausgewählter Staatsformen.

„*Die Staatsangehörigen akzeptieren die staatliche Herrschaft durch Zustimmung oder Resignation. Diese Hinnahme wird als Legitimation (Rechtfertigung) verstanden. Dadurch, dass die meisten Menschen das politische System auf diese Art tragen, erhält es Stabilität und kann seine Macht erhalten. Würde diese Akzeptanz schwach, dann würde auch die Stabilität der Herrschaft schwach.*" Franz Oppenheimer [6]

Tabelle 2.1: Übersicht verschiedener Staatsformen [5]

Bezeichnung	Beschreibung
Anarchie	Wörtlich übersetzt: Mangel eines Herrn Darunter versteht man einen Zustand der Herrschaftslosigkeit oder Gesetzlosigkeit.
Aristokratie	Wörtlich übersetzt: Herrschaft der Besten. Meist eine Gesellschaft von privilegierten bzw. besonders befähigter Personen, wie beispielsweise Adligen.
Demokratie	Wörtlich übersetzt aus dem Griechischen: demos und kratein, was Volk und herrschen bedeutet
Demokratie (repräsentative)	Das Volk wählt Parteien, die Abgeordnete z.B. an das Parlament oder die Regierung entsendet, die dann Entscheidungen im Namen des Volkes treffen.
Demokratie (direkt)	Die Bevölkerung kann über bestimmte Angelegenheiten direkt bestimmen. Beispielsweise durch alle verschiedenen Arten von Wahlen, aber auch Volksabstimmung, Volksbegehren und Volksbefragung.
Diktatur	Alle Macht ist in einem Diktator vereint. Häufig existieren demokratische Elemente wie Parlamente und Regierungen, aber es finden keine freien Wahlen statt. Politische Gegner einer Diktatur werden meistens unterdrückt.
Kommunismus	Wörtlich übersetzt: lateinischen communis, heißt so viel wie gemeinsam. Es handelt sich um eine umfassende Gütergemeinschaft und Gleichheit der Lebensbedingungen aller Gesellschaftsmitglieder
Monarchie	Wörtlich übersetzt: Monarch heißt so viel wie ein Herrscher An der Spitze steht ein König oder Kaiser. Früher hatten Monarchen unbeschränkte politische Rechte. Allerdings sind diese Zeiten fast überall vorbei und in vielen Monarchien haben Könige bzw. Königinnen lediglich die Aufgabe, den Staat nach außen zu vertreten.

3 Grenzen der staatlichen Handlungs- und Reformfähigkeit

Die staatliche Handlungs- und Reformfähigkeit kann auf vielen Wegen eingeschränkt werden. Im Folgenden werden einige dieser Einschränkungen näher erläutert.

Anhand der Bundesrepublik Deutschland lassen sich Einschränkungen beispielsweise an der Vielfalt in der politischen Landschaft, den aktiven Vereinigungen (Parteien, Verbände u.ä.) und der verschiedenen Gremien (Bundesrat, Bundestag, Bundesregierung) erläutern. Durch viele weitere Einflussfaktoren wird die Handlungs- und Reformfähigkeit eingeschränkt und/oder beeinflusst. Die Finanzkrise lässt die Möglichkeiten für Reformen schwinden, die Lobbyisten versuchen die Interessen ihrer Lobby zu verteidigen, die verschiedenen Parteien in Koalitionen und Oppositionen stehen sich bei Entscheidungen gegenseitig im Weg und dabei übt der begrenzte Zeithorizont zusätzlichen Druck aus. Das Parteiensystem, die Dauer von Legislaturperioden sowie Besetzung von Ministerposten und die Einschränkung durch den Föderalismus bleiben in dieser Arbeit vorerst unberührt. Die Erläuterungen beschränken sich lediglich auf Einschränkungen während einer Finanzkrise, auf den Lobbyismus und Korruption und auf die Einschränkungen aufgrund von internationalen Verträgen und Verpflichtungen.

3.1 Einschränkungen während einer Finanzkrise

Eine Finanzkrise ist die Folge vieler Ereignisse und deren Zusammenspiel, die zur Verschlechterung der finanziellen Ressourcen führen. [7] Die derzeitige Finanzkrise erreichte ihren bisherigen Höhepunkt mit dem Zusammenbruch der Investmentbank „Lehman Brothers" am 15. September 2008. [8] Die Auswirkungen sind weltweit spürbar. Viele Länder der Europäischen Union sind derzeit hoch verschuldet, was zur Folge hat, dass die staatliche Handlungs- und Reformfähigkeit eingeschränkt wird.

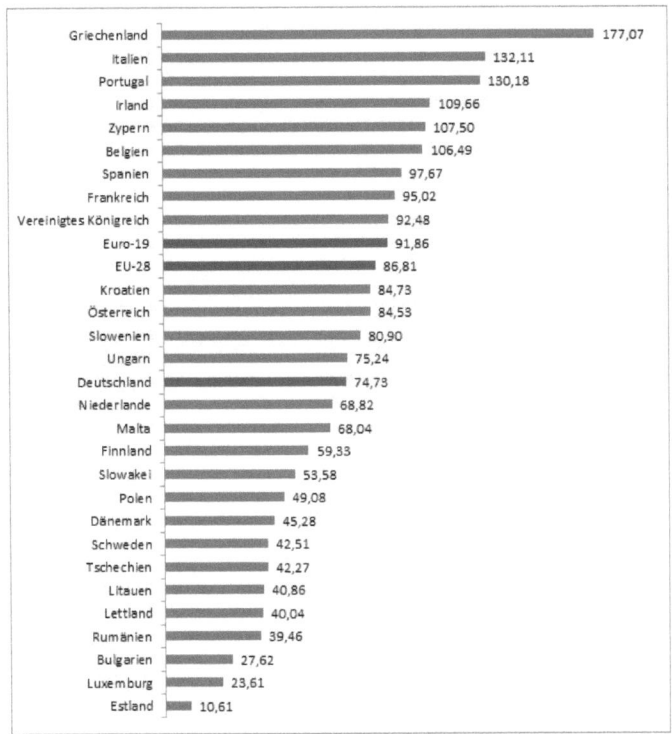

Bild 3.1: EU-Staaten Staatsschulden in Prozent des BIP [9]

Am Beispiel Griechenlands lassen sich die Einschränkungen bzw. Auswirkungen verdeutlichen. Das Land wurde im Jahr 2001 in die europäische Währungsunion aufgenommen. Die Aufnahme erfolgte jedoch aufgrund von nicht zutreffenden Informationen über die damalige Staatsverschuldung. Bereits 2011 lagen die gesamten Schulden bei etwa 350 Milliarden Euro (160 Prozent des Bruttoinlandsprodukts). Da sich das Land nicht alleine aus dieser Krise heraushelfen kann, greift in diesem Fall der „Rettungsschirm" der Währungsunion mit finanziellen Hilfspaketen, die jedoch an Vorgaben gebunden sind. Das Land selbst kann Vorschläge zur Schuldenminderung einbringen, diese werden allerdings durch die Union geprüft. [10] Vorgeschriebene Reformen können beispielsweise die Erhöhung der Mehrwertsteuer, Verstärkung der Steuerfahndung und die Reduzierung von Vorteilen für Rentner und die Veränderung des öffentlichen Verwaltungsapparates sein. [11] In diesem Fall ist Griechenland nur eingeschränkt handlungsfähig und vertraglich verpflichtet die auferlegten Reformen umzusetzen. Aber auch das Land (durch den damaligen Regierungschef Giorgos Papandreou) selbst hatte bereits passende Sparmaßnahmen und Reformen vorgeschlagen, wie beispielsweise die Kürzung der Bezüge von Angestellten und einen Einstellungsstopp im öffentlichen Dienst.

Nicht nur die Vorgaben der Währungsunion können ein Land daran hindern eigene Reformen durchzusetzen, auch die Verfügbarkeit finanzieller Ressourcen eines Staates beeinflusst die Handlungsfähigkeit. Ohne finanzielle Mittel ist es nicht möglich kostspielige Reformen oder Konjunkturprogramme zu etablieren. Durch die hohe Verschuldung ist Griechenland auf die Gelder aus den Rettungspaketen der Union angewiesen. Dies sorgt für eine direkte Abhängigkeit, mit der Folge eigene Reformbestrebungen aufzugeben und Einschränkungen der staatlichen Handlungsfähigkeit in Kauf zu nehmen.

Weiterhin führen bzw. führten in Griechenland noch andere Dinge zur Instabilität und zur Handlungsunfähigkeit des Staates (zum Beispiel: Korruption, Vetternwirtschaft, Schattenwirtschaft - Schwarzarbeit). Für weiterführende Informationen siehe Literaturverzeichnis [10].

3.2 Lobbyarbeit und Korruption

Laut dem Gabler Wirtschaftslexikon wird Lobbyismus folgendermaßen definiert: *„Lobbyismus ist die Einflussnahme organisierter Interessengruppen (z.B. Verbände, Vereine, Nichtregierungsorganisationen) auf Exekutive und Legislative, beispielsweise in der Form von Anschreiben, Telefonaten, Anhörungen, Vorlagen, Berichten, Studien usw. Gegenleistungen der Interessengruppen an die Politiker können spezifische Informationen, Spenden etc. sein. Lobbyismus kann sich auch in der Androhung von politischem Druck (Streik, Lieferboykott, Abbau von Arbeitsplätzen) äußern.“* [7]

Das Wort Korruption hat seinen Ursprung im Lateinischen und kommt von corrumpere, was so viel heißt wie Bestechlichkeit, Sittenverfall oder Verderbtheit. [12] Im Gabler Wirtschaftslexikon wird es folgender Maßen beschrieben: *„Ein vertrags- bzw. normwidriges Verhalten eines Agenten gegenüber seinem Prinzipal (Agency-Theorie) aufgrund der Entgegennahme von Geld oder Sachleistungen durch einen Dritten, der sich davon Vorteile durch den Agenten erhofft.“* [7]

Beim Lesen dieser Definitionen wird schnell klar, dass Beides nah beieinander liegt und nicht eindeutig abgrenzbar ist. Wo ist der Lobbyismus zu Ende und wo beginnt bereits die Korruption? In vielen Fällen helfen große Unternehmen und Verbände den politischen Gremien bei einer Meinungs- bzw. Wahrheitsfindung, um Entscheidungen treffen zu können. Dies kann sich sowohl positiv als auch negativ auf die Handlungs- und Reformfähigkeit des Staates auswirken.

Laut der Geschäftsordnung des Deutschen Bundestages können Organisationen bis zu 5 Hausausweise für den Bundestag bekommen. Zu den veröffentlichten Organisationen zählen beispielsweise ThyssenKrupp Marine Systems GmbH, Rheinmetall AG und RWE. Mit diesem Hausausweis können die Unternehmensvertreter jederzeit das Bundestagsgebäude betreten und in direkten Kontakt mit Abgeordneten treten. [13] [14] Auch die Ämter verschiedener Politiker in Vorständen und Geschäftsführungen, sowie Aufsichtsräten von Unternehmen wirft immer wieder Fragen bezüglich Interessenkonflikten und der Unabhängigkeit der Abgeordneten auf.

Beispielsweise entstehen Zweifel an der Neutralität des derzeitigen Bundestagsabgeordneten und Obmann im Rechts- und Verbraucherschutzausschusses des Bundestages Herrn Dr. Stephan Harbarth aufgrund seiner Partnerschaft in der Kanzlei SZA Schilling Zutt & Anschütz in Mannheim. Diese Kanzlei vertritt den Großkonzern Volkswagen während der aktuellen Abgasaffäre. Herr Dr. Harbarth hat die Nebeneinkünfte mit der Stufe 10 angegeben, was Einkünfte von mehr als 250.000,00 Euro bedeutet. Eine Befangenheit kann somit nicht vollständig ausgeschlossen werden. Allerdings wurde durch den Bundestagspräsidenten Norbert Lammert (CDU) eine beantragte Prüfung zum Ausschluss von Abstimmungen abgelehnt.[15] [16]

Leider ist es nur schwer möglich alle Beteiligungen von Politikern an Unternehmen vollständig nachzuvollziehen. Der Deutsche Bundestag hat mit der Bekanntmachung vom 05. Mai 2015 eine öffentlichen Liste mit den aktuellen Daten über die Registrierung von Verbänden und deren Vertretern veröffentlicht. [17] Auch die Nebenverdienste der Abgeordneten müssen angegeben werden. Die Einkünfte müssen für jede einzelne Nebentätigkeit angezeigt werden, sofern sie mehr als 1.000 Euro im Monat oder 10.000 Euro im Jahr betragen. Die Einteilung erfolgt dabei in Stufen.

Diese Einteilung beinhaltet einmalige oder regelmäßige monatliche Einkünfte:

Tabelle 3.1: Einstufung der Nebeneinkünfte von Abgeordneten [18]

Stufe	Nebeneinkünfte
1	1.000 - 3.500 Euro
2	bis 7.000 Euro
3	bis 15.000 Euro
4	bis 30.000 Euro
5	bis 50.000 Euro
6	bis 75.000 Euro
7	bis 100.000 Euro
8	bis 150.000 Euro
9	bis 250.000 Euro
10	über 250.000 Euro

(Mehrere unregelmäßige Zuflüsse eines Kalenderjahres werden fortlaufend addiert und mit der Stufe veröffentlicht, die der jeweiligen Summe entspricht) [18]

Diese möglichen Interessenkonflikte durch Lobbyismus und ggf. auch durch Korruption können die staatliche Handlungs- und Reformfähigkeit stark einschränken, aber auch vielseitiger beleuchten. Durch die Androhung von Streiks (z.b. durch Gewerkschaften) werden die Abgeordneten zusätzlich unter Druck gesetzt. So wird beispielsweise in der Automobil- oder Kohlekraftbranche mit dem Abbau von Arbeitsplätzen, also auch mit Schließungen von Standorten argumentiert, was das Abstimmungsverhalten ebenfalls beeinflussen kann. Das Gesetzgebungs- und Entscheidungsverfahren in Deutschland ist ein sehr langwieriger Prozess, bei dem viele Interessengruppen (z.B. Ausschüsse) zu Rate gezogen werden. Dieser Entscheidungsprozess bietet viele Vetopunkte bis tatsächlich ein Entschluss gefasst wird. Dabei werden in den Verhandlungen meist Kompromisse festgelegt.

3.3 Internationale Verträge, staatliche Bündnisse und Verpflichtungen

Zuletzt werden hier die Einschränkungen der staatlichen Handlungs- und Reformfähigkeit durch internationale Verträge, Bündnisse und Verpflichtungen näher erläutert. Zu den internationalen Verträgen gehören beispielsweise die Vereinte Nationen (UN), Verträge zum Kriegs-, Kriegsverhütungs- und humanitären Recht, NATO, OECD, WEU, die Europäische Union (EU), Verträge zum Luft- und Weltraumrecht, Kulturgüterschutz und zum Umweltschutz (z.B. Antarktisvertrag von 1961) sowie die Welthandelsorganisation (WTO). [19]

Um die Einschränkungen durch internationale Verträge zu verdeutlichen, wird im Folgenden die Fischereipolitik der Europäischen Union (EU) betrachtet. Bei der weltweiten Betrachtung der Zahlen des Fischfangs, liegt Deutschland zwar im oberen Viertel, aber noch weit ab von anderen europäischen Ländern wie Dänemark und Island. [20] Die immer zunehmende Überfischung der Weltmeere erfordert Handlungen aller Nationen. Dazu wurden bereits in den 1970er Jahren Vereinbarungen innerhalb der EU getroffen, die regelmäßig aktualisiert werden. Dabei werden etwa Fangquoten festgelegt, da die Fischerei natürliche Ressourcen nutzt und deshalb reguliert werden muss. Dadurch kann ein fairer Zugang für alle und die Nachhaltigkeit gewährleistet werden. Nachhaltige Fischerei bedeutet dabei, dass nur so viele Fische entnommen werden, damit sich die verbleibenden Fische ausreichend fortpflanzen können. Es wird dabei nicht nur die maximale Anzahl der Tiere, sondern auch die Größe bzw. das Alter festgeschrieben. Ebenso darf nicht vergessen werden, dass die Fischerei und die Fischverarbeitung mehr als 350.000 Menschen beschäftigt. Die internationalen Abkommen sollen diese Arbeitsplätze sichern und die Anreize für nachhaltige Fischerei geben. Durch die EU-Verordnung zur Verhinderung, Bekämpfung und Unterbindung der illegalen, nicht gemeldeten und unregulierten Fischerei (IUU) wird illegale Fischerei bestraft. So wird die Strafe proportional zum wirtschaftlichen Wert der Fänge festgesetzt, um ggf. Gewinnerfolge auszuschließen. Auch wenn die Fischvorkommen in den eigenen Gewässern wieder angestiegen sind, kann das einzelne Land keine für sich geltenden Quoten festsetzen. Diese sind an die Verordnungen der EU gebunden und wären somit rechtswidrig. Die Handlungsfähigkeit der einzelnen Mitgliedsstaaten wird dadurch blockiert. [21]

Als weiteres Beispiel für die Beschränkung der staatlichen Handlungsfähigkeit ist die Charta der Vereinten Nationen. Laut Artikel 49 schließen sich bei der Durchführung der vom Sicherheitsrat beschlossenen Maßnahmen die Mitglieder der Vereinten Nationen zusammen und leisten sich so gegenseitig Beistand. Wenn also der Sicherheitsrat Maßnahmen beschließt, wie beispielsweise die Verstärkung von Militär in Krisengebieten, kann ein Mitgliedsstaat sich zwar an den Rat wenden und Bedenken äußern (Artikel 50), aber die Entscheidungsbefugnis liegt nicht in der Hand des einzelnen Staates. [22]

Auch im Bündnisfall nach Artikel 5 des Nordatlantikvertrages der NATO (North Atlantic Treaty Organization) wurde vereinbart, dass in dem Falle eines bewaffneten Angriffs auf das Gebiet, auf die Streitkräfte, Schiffe oder Flugzeuge einer der Parteien Beistand zu leisten ist, auch unter Anwendung von Waffengewalt, wenn dies für notwendig erachtet wird. Allerdings kann auch hier der Sicherheitsrat die Beendigung oder Veränderung der ergriffenen Maßnahmen bestimmen. [23]

Auf Europa bezogen darf auch die Währungsunion nicht unerwähnt bleiben, der alle EU-Staaten beitreten müssen, sobald die entsprechenden Voraussetzungen vorliegen. Dies ist der Zusammenschluss europäischer Staaten im Bereich der Geld- und Währungspolitik. [24]

Jeder dieser Verträge oder Zusammenschlüsse von Staaten hat Vorteile aber auch Nachteile für die Mitgliedsstaaten. Jeder hat dabei seine Rechte aber auch seine Pflichten zu erfüllen. Bei Entscheidungen können nicht alle Bedürfnisse des Einzelnen berücksichtigt werden, deshalb schränkt es die einzelnen Staaten mehr oder weniger in ihrer Handlungs- und Reformfähigkeit ein. Jedoch ist dies auch eine Möglichkeit der Stärkung durch einen größeren Verbund.

4 Handlungs- und Reformfähigkeit in verschiedenen Staatsformen

In verschiedenen Staatsformen gibt es verschiedene Möglichkeiten um Gesetze und Reformen durchzusetzen. In einer Aristokratie stimmte eine privilegierte Gruppe über Änderungen ab, wobei in einer Diktatur meist nur eine Person entscheidet. In einer Anarchie gibt es keinen Herrscher, also auch niemanden, der Entscheidungen für andere trifft. Die Demokratie als Volksherrschaft hat sich weltweit durchgesetzt, auch wenn es dabei verschiedene Formen gibt, wird das Volk doch auf die ein oder andere Weise mit einbezogen. Nicht zu vergessen ist dabei der Kommunismus indem die Gemeinschaft Entscheidungen trifft. Die Volksrepublik China hat eine Abwandlung des Kommunismus als derzeitige Staatsform. Im Folgenden werden lediglich Beispiele aus einer Diktatur (Kapitel 4.1) und einer Demokratie (Kapitel 4.2) ausgeführt. Während der Diktatur von Muammar al-Gaddafi wurden viele Reformen durch den Diktator umgesetzt. In der Demokratie, in der Bundesrepublik Deutschland ist der Reformprozess ein anderer.

4.1 Staatliche Handlungs- und Reformfähigkeit in einer Diktatur

Das System der Gewaltenteilung existiert in Diktaturen meist nicht. Die herrschende Klasse kontrolliert die Gesetzgebung und deren Durchsetzung. Sie befehligt auch direkt das Militär und kann dieses im Inneren, beispielsweise gegen Staatsfeinde, einsetzen. Es wird unterschieden in autoritäre und totalitäre Diktaturen. In totalitären Diktaturen wird der Einzelne durch permanente politische Mobilisierung völlig in Anspruch genommen, um das Aufkommen von freiem Denken zu verhindern. In autoritären Diktatur gibt es gewisse private Freiräume. [25] [26]

In einer Diktatur ist die Handlungsfreiheit der herrschenden Klasse auf ihrem Staatsgebiet uneingeschränkt. Sämtliche Reformbewegungen, die nicht im Sinne der herrschenden Klasse sind, werden unterdrückt. Reformen sind nur mit Unterstützung des Systems möglich. Das Staatsoberhaupt kann Entscheidungen direkt treffen, er kann also grundlegende Reformen ohne aufwendige Gesetzgebungsverfahren legitimieren. Es ist ihm folglich möglich kompromisslose Entscheidungen zu fällen.

In unserer überwiegend demokratisch geprägten Gesellschaft verbinden wir solche Systeme häufig mit Ungerechtigkeit und Menschenrechtsverletzungen. Diese Annahme ist auch richtig und kann durch zahlreiche Beispiele belegt werden, allerdings ist dies nicht ausschließlich ein Phänomen der Diktaturen. Auch in demokratisch legitimierten Staaten finden zahlreiche Menschenrechtsverletzungen statt (siehe Amnesty International Report [27]).

Bild 4.1: Muammar al-Gaddafi, Barack Obama am 09.07.2009 in L'Aquila, Italien[28]

Im Folgenden wird auf konkrete politische Handlungen und Reformen von Muammar al-Gaddafi eingegangen. Er wurde zu Beginn der siebziger Jahre durch einen unblutigen Militärputsch das Staatsoberhaupt von Libyen und regierte bis zu seiner Tötung am 20. Oktober 2011 das Land. [29] [30]

Muammar al-Gaddafi war auf internationaler Ebene sehr aktiv. Er hat viele Reformen angestoßen und sich für die Emanzipierung Afrikas eingesetzt. Gaddafi hatte die Vision zur Schaffung eines afrikanischen Bundesstaates. Zwar scheiterte er mit diesem Vorhaben, konnte aber viele afrikanische Staatschefs überzeugen die bestehende Organisation für Afrikanische Einheit (OAU) zu reformieren. Die OAU setzte sich für die Unabhängigkeit afrikanischer Staaten ein, verlor aber ihre wichtigste Daseinsberechtigung durch die Auflösung der letzten Fremdregime im südlichen Afrika. Die Reform umfasste die Neugründung der Afrikanischen Union (AU), diese sollte ähnliche Strukturen wie die Europäische Union (EU) aufweisen. Das Ziel ist es die Wirtschaft Afrikas zu stärken und für Frieden und Stabilität zu sorgen. [31] Aktuell publiziert sogar das Bundesministerium für wirtschaftliche Zusammenarbeit und Entwicklung auf ihrer Homepage, dass die AU der wichtigste Zusammenschluss afrikanischer Staaten ist. [32] Dieses Beispiel zeigt wie wichtig und einflussreich diese Reform für Libyen und für ganz Afrika ist.

Nach seiner Machtübernahme reformierten Muammar al-Gaddafi und seine Vertrauten das Gesundheitssystem, welches zuvor kaum vorhanden war. Sie ermöglichten einem Großteil des Volkes eine kostenlose Nutzung. Es gab vor dem Zerfall der staatlichen Strukturen im Jahr 2011 etwa 100 Krankenhäuser und 1500 kleiner Kliniken für eine Bevölkerung von 6 Millionen Menschen. Eine weitere große Reform fand im Bildungsbereich statt. Er machte es möglich, dass auch Frauen einen Zugang zu Schulen und Universitäten erhielten. [33] [34] Diese Reform zeigte deutliche Erfolge; im Jahr 1969 waren nahezu 100% aller Frauen in Libyen Analphabeten und 1990 waren laut dem Schweizer Radio und Fernsehen (SRF) fast 90% der Frauen alphabetisiert. [30] Außerdem setzte sich Muammar al-Gaddafi dafür ein, dass sich in Libyen auch Frauen von ihren Männern scheiden lassen können. Es wurde ein Gesetze erlassen, das Männern nur dann erlaubte eine zweite Frau zu heiraten, wenn die erste ihre Einwilligung dazu gibt. Nach dem Sturz des libyschen Systems wurden neue Reformen vom Übergangsrat auf den Weg gebracht. Diese stellen Frauen deutlich schlechter. Beispielsweise sollten Scheidungen für Frauen nur noch bei der Unfruchtbarkeit des Partners möglich sein. Aber auch die Polygamie mit bis zu vier Frauen soll ohne Einschränkung wieder möglich sein. [35] Dies zeigt, dass die Mehrheit seines Volkes nicht hinter diesen Entscheidungen von Muammar al-Gaddafi stand, aber er aufgrund seine uneingeschränkten Handlungsfreiheit diese Änderungen auf den Weg bringen konnte. Die Beispiele zeigen, dass in Diktaturen grundlegende Reformen sehr schnell möglich sind und die Akzeptanz im Volk eine untergeordnete Rolle spielt. Die politische Journalistin und Korrespondentin Christiane Hoffmann äußerte sich in einem kurzen Kommentar wie folgt: *„Diktatur kann erträglicher sein als Anarchie"*. [33]

An dieser Stelle wird explizit darauf hingewiesen, dass bewusst positive Beispiele gewählt wurden, um zu zeigen, dass auch in Diktaturen positive Reformen und Entwicklungen stattfinden können. Aber auch Muammar al-Gaddafi, der viel positives für sein Land bewirkt hat, unterdrückte Minderheiten und ging gewaltsam gegen Teile seiner Bevölkerung vor.

4.2 Staatliche Handlungs- und Reformfähigkeit in einer Demokratie

In einer repräsentativen Demokratie werden Entscheidungen über Gesetze und Verordnungen von den vom Volk gewählten Vertretern (Parlament) getroffen und durchgesetzt. Im Gegensatz dazu wird in einer direkten Demokratie das Volk bei Abstimmungen einbezogen. Die folgenden Beispiele sind jeweils aus der repräsentativen Demokratie Deutschland gewählt, da diese Staatsform weiterverbreitet ist und von vielen Ländern angestrebt wird. [5]

4.2.1 Einführung des Meldegesetzes

Am 28. Juni 2012, während des Halbfinalspieles der deutschen Fußballnationalmannschaft zur Fußball-Europameisterschaft, hat der Deutsche Bundestag ein neues Meldegesetz beschlossen. Dies war bereits vorab sehr umstritten, da es Änderungen zur Weitergabe von Daten an Dritte beinhaltete. Unter anderem die Weitergabe an Adresshändler für Werbezwecke.

Dem Innenausschuss sowie dem Rechtsausschuss und dem Ausschuss für Wirtschaft und Technologie wurde gemäß der Geschäftsordnung des Bundestages (nachzulesen auf der Internetseite www.bundestag.de) mit der Prüfung der Gesetzesänderung beauftragt. Alle Ausschüsse hatten bereits Ihre Zustimmung bzw. Empfehlung ausgesprochen. [36]

Bei der Abstimmung am 28. Juni 2012 waren lediglich 27 Mitglieder des Deutschen Bundestages anwesend. Die zu diesem Zeitpunkt Vorsitzende des Bundestages, Bundestagsvizepräsidentin Frau Petra Pau, hatte die Beschlussfähigkeit entgegen § 45 der Geschäftsordnung des Deutschen Bundestages festgestellt und zu Protokoll gegeben. Laut der Geschäftsordnung des Deutschen Bundestages ist der Bundestag beschlussfähig, wenn mehr als die Hälfte seiner Mitglieder im Sitzungssaal anwesend ist. Weiter heißt es, dass wenn vor Beginn einer Abstimmung die Beschlussfähigkeit angezweifelt wird, dann hat eine Abstimmung über diese durch Zählung der Stimmen nach §§ 51 und 52 der Geschäftsordnung zu erfolgen. Eine Anzweiflung erfolgte in diesem Fall nicht. [37]

Mit „gegebener" Beschlussfähigkeit wurde über den neuen Gesetzentwurf mit 17 Ja-Stimmen angenommen, 10 Abgeordnete stimmten dagegen. Somit haben lediglich 17 von 620 Abgeordneten diesem Entwurf zugestimmt. Weiterhin ist zu erwähnen, dass der Gesetzesentwurf erst einen Tag vor Abstimmung an einigen Stellen verändert wurde. [36] Dieses Gesetz wurde aufgrund des massiven

Widerstandes der Opposition und aus der Bevölkerung im Nachhinein wieder geändert.

Dieses Beispiel soll zeigen, dass durch die vielen gesetzlichen Vorgaben und Einschränkungen, sowie der Undurchsichtigkeit der Gesetzgebung, Beschlüsse von wenigen Abgeordneten in einer repräsentativen Demokratie gefällt werden können. Kann da noch von einer Herrschaft des Volkes gesprochen werden? Die Handlungsfähigkeit kann somit auch einer kleinen Gruppe übertragen werden, die ggf. durch die im Vorgang erwähnten Erscheinungen (Kapitel 3.2) beeinflusst werden können.

4.2.2 Einführung der Hartz IV-Reform

Die Arbeitsmarktpolitik ist ein sehr viel diskutiertes Thema in der deutschen Politik. Die seit dem 01. Januar 2005 gültige Reform, die Hartz-IV-Reform, spielt dabei eine tragende Rolle. Es wurden weitgreifende Organisations-, Instrumenten- und Strukturreformen durchgesetzt. Diese Reform ist ein Teil der bekannten Agenda 2010, die durch den damaligen Bundeskanzler Gerhard Schröder auf den Weg gebracht wurde.

Ein Problem der Durchsetzung dieser Reform war zum einen der Handlungsdruck aufgrund des Vermittlungsskandals im Jahr 2002 und der anhaltenden "Massenarbeitslosigkeit", deren Bekämpfung sich Herr Schröder zur Aufgabe gemacht hatte, um seine Fähigkeit zum Handeln demonstrieren zu können. Ein weiteres Problem war beispielsweise das Desinteresse von Regierungsmitgliedern an Verhandlungen zur Reform und somit eine Blockade des Vorankommens darstellten. Durch die Bundesregierung wurde im Februar 2002 eine Kommission zur Prüfung von Lösungen einberufen und auch das Bündnis für Arbeit wurde beteiligt. Das Bündnis bestand aus staatlichen Vertretern, Vertretern der Gewerkschaften und von Arbeitsgeber sollte an der Reformfindung beteiligt werden.

An der Reform waren viele Gremien und verschiedene Akteure beteiligt, die teilweise nach der Wahl der Regierung im September 2002 ausgewechselt wurden. Die Arbeit des Bündnisses für Arbeit zog sich damit länger hin, da Kompromisse gefunden werden mussten. Da jedoch keine Reformen auf den Weg gebracht werden konnten, löste Bundeskanzler Schröder das Bündnis im März 2003 vollständig auf, womit die Entscheidungskompetenzen nun in der Hand der Regierung lag. Die Vertreter der Gewerkschaften und Arbeitgeber wurden durch das Bündnis für

Arbeit mit einbezogen, wobei dieses eng mit dem Bundeskanzleramt zusammenarbeitete und die staatliche Handlungsfähigkeit der aktuellen Regierung damit weiter gestärkt wurde.

Bundeskanzler Schröder stellte dann selbst das Modernisierungsprogramm der Agenda 2010 vor. Die „Kommission für moderne Dienstleistungen am Arbeitsmarkt" übernahm Aufgaben in den Vorverhandlungen. Zu den Mitgliedern der Kommission gehörten Dr. Peter Hartz (Personalvorstand der Volkswagen AG), Dr. Norbert Bensel (Personalvorstand der Deutschen Bahn AG), Harald Schartau (Arbeitsminister NRW) und noch 12 weitere Mitglieder. Die Kommission sollte zur Verringerung der Blockaden im komplexen Entscheidungsprozess dienen.

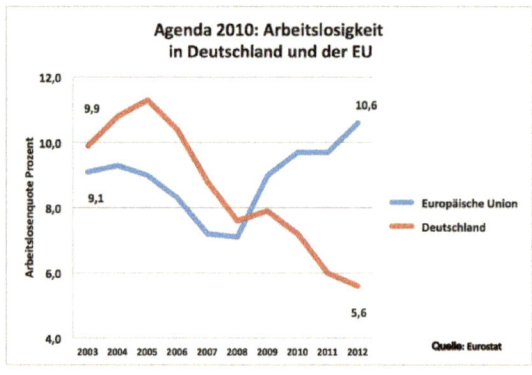

Bild 4.2: Arbeitslosigkeit in Deutschland und der EU [38]

Auf dem Weg zur Abstimmung über die entsprechenden Gesetze wurden noch einige Änderungen in den Ministerien vorgenommen. Beispielsweise wurden das Ministerium für Wirtschaft und Arbeit unter der Führung von Wolfgang Clement (SPD) und das Ministerium für Gesundheit und soziale Sicherung unter Ulla Schmidt (SPD) erschaffen, womit die Kompetenzen zur Steuerung der Sozialpolitik vereint wurden. Beide waren Befürworter der Agenda 2010, wie auch der damalige Bundesfraktionsvorsitzende der SPD Franz Müntefering. Selbst innerhalb der SPD gab es gespaltene Meinungen über die angestrebte Reform. Bundeskanzler Schröder verteilte die Weisungsbefugnisse in den Entscheidungsposten an den Reformen wohlgesonnene Personen und stärkte weiter seine Handlungsfähigkeit und brachte einen Strukturwechsel hervor. [3]

Auch in der Entscheidungsphase gab es viele Diskussionen und viele Reden wurden gehalten, wie beispielsweise die Rede von Gerhard Schröder "Mut zum Frieden und Mut zur Sicherheit". [38] Am 24. Dezember 2003 wurde das Vierte Gesetz für moderne Dienstleistungen am Arbeitsmarkt mit Wirkung ab 1. Januar 2005 beschlossen. [39]

Bei solchen Übersichten, wie in Bild 4.2, bleibt jedoch zu beachten, dass nicht vollständig hervorgeht, wer als arbeitslose bzw. als erwerbstätige Person gilt. Die Personen, die derzeit in einer sogenannten Eingliederungsmaßnahme (z.b. Bewerbungstraining o.Ä.), in einem 1-Euro-Job tätig oder krankgeschrieben sind, werden hier meist nicht berücksichtigt.

5 Schlussbemerkungen

Zusammenfassend resultiert folgende Definition:

Die staatliche Handlungs- und Reformfähigkeit ist die Fähigkeit des Staates, gesamtgesellschaftlich verbindliche Entscheidungen auch gegen Widerstände durchzusetzen. [3]

Nun stellt sich die Frage, ob sich das gesamte Thema in einen einfachen Satz zusammenfassen lässt. Bei der Erstellung dieser Hausarbeit wurde eine intensive Literaturrecherche betrieben. Der ganze Bereich der staatlichen Handlungs- und Reformfähigkeit ist dabei ein vielseitiges und komplexes Thema, sodass nicht alle Aspekte zur Erwähnung kommen konnten. Beispielsweise der Punkt der Korruption und des Lobbyismus alleine, ist in Deutschland ein oft aufgegriffenes und angeprangertes Thema. Auch die Beispiele im Kapitel 3.1 zeigen bereits welch einen Einfluss Unternehmen auf die Gesetzgebung haben können. Die Unternehmen zahlen ihren Vorstandsmitgliedern, die auch Abgeordnete in der Bundesregierung sind, hohe Entschädigungen, die zwar angegeben werden müssen, aber ab einem Betrag von 250.000,00 Euro ist dies nicht gänzlich nachvollziehbar. Für den Bürger kann nun nicht erkannt werden, ob der Abgeordnete, dem er seine Stimme gegeben hat, tatsächlich seine Interessen oder die seines zahlenden „Arbeitgebers" vertritt.

Die Bespiele in Kapitel 4 wurden bewusst gewählt. An diesen werden die positiven Seiten einer Diktatur und die negativen Seiten einer Demokratie aufgezeigt. Im Allgemeinen werden Diktaturen als schlechte Staatsform und Demokratien als gute Staatsform dargestellt. Dies kann aber nicht verabsolutiert werden. Muammar al-Gaddafi hat viele positive Reformen für einen Teil seines Volkes bewirkt, dies war aufgrund seiner uneingeschränkten Handlungsfähigkeit möglich. Eine Vielzahl dieser Dinge bleiben unbeachtet, wenn man von Muammar al-Gaddafi spricht. Auch wenn die staatliche Handlungsfähigkeit nur in der Hand einer einzelnen Person liegt, kann es positive Auswirkungen auf das Volk haben. Selbstverständlich kann man die schlechten Seiten dieses Menschen nicht außer Acht lassen, aber auch in einer Demokratie, die als „Volksherrschaft" bezeichnet wird gibt es Ungerechtigkeit. Regelmäßig werden in Demokratien Entscheidungen getroffen, die nicht von der Mehrheit des Volkes getragen werden. Dies ist jedoch wichtig um die staatliche Handlungsfähigkeit zu gewährleisten.

In einer demokratischen Gesellschaft sollte allerdings beachtet werden, dass es nicht auf eine uneingeschränkte Handlungsfähigkeit der Regierenden hinausläuft. Immer wieder werden Gesetzesvorlagen ausgearbeitet und zur Diskussion gebracht oder im Folgenden sogar Gesetze beschlossen (auch in Deutschland), die versuchen die Handlungsspielräume der amtierenden Regierung zu erweitern. Oftmals werden Gesetze erlassen, die zwar mit besten Absichten, die Handlungsfähigkeit stärken sollen, aber weitgreifende Folgen haben. Dies passiert häufig als Reaktion auf vorangegangene Ereignisse, wie beispielsweise Terrorangriffe, Naturkatastrophen und Ähnliches. Hierbei ist jedoch die Opposition und auch der Bürger in der Pflicht besonders aufmerksam zu sein und die Tragweite der Entscheidungen in Frage zu stellen, damit nicht die Macht und die Entscheidungsgewalt einzelner Institutionen, Parteien oder Personen zu groß wird. Dieser Grundpfeiler der Demokratie sollte gewahrt werden, auch wenn das heißen kann, dass die staatliche Handlungs- und Reformfähigkeit eingeschränkt wird. Wie auch die Geschichte Deutschlands gezeigt hat, kann eine Demokratie anfällig für eine solche Art von Machtübernahme durch eine Gruppe oder eine einzelne Person sein. Bestimmte Ereignisse (heute: Flüchtlingsandrang, Angst der Bevölkerung vor „Überfremdung") können gewissen Gruppierungen bestärken und das Volk somit beeinflussen (Zitat von Berthold Brecht: „*Wo Unrecht zu Recht wird, wird Widerstand zur Pflicht!*"). Deshalb sollte die Regierung ihre Handlungsfähigkeit gewissenhaft einsetzen und auch Einschränkungen in Kauf nehmen, um das Gleichgewicht zu wahren.

Die staatliche Handlungs- und Reformfähigkeit ist abhängig von der jeweiligen Staatsform und hat unterschiedliche Einschränkungen und Hürden zu überwinden um gesamtgesellschaftlich verbindliche Entscheidungen durchsetzen zu können.

Literaturverzeichnis

[1] ZDFHEUTE: *Frage nach Handlungsfähigkeit des Staates*. http://www.
heute.de/nach-uebergriffen-in-koeln-bundestag-beraet-ueber-%
konsequenzen-41789418.html, Abruf: 21. Januar 2016

[2] *Brockhaus Universallexikon*. Weltbild GmbH, 2003. – ISBN 3–411–03036–4

[3] MEYER, Hendrik: *Was kann der Staat? Eine Analyse der rot-grünen Reformen in der Sozialpolitik*. transcript Verlag, 2013. – ISBN 978–3–8376–2312–3

[4] HEIDBRINK, Ludger ; HIRSCH, Alfred: *Staat ohne Verantwortung? Zum Wandel der Aufgaben von Staat und Politik*. Campus Verlag, 2007. – ISBN 9783593382173

[5] VERLAG JUNGBRUNNEN: *Politik Lexikon*. http://www.politik-lexikon.
at, Abruf: 22.12.2015

[6] OPPENHEIMER, Franz: *Der Staat: Eine soziologische Studie*. Libertad, 1990.
– ISBN 978–3922226123

[7] SPRINGER GABLER: *Wirtschaftslexikon*. http://wirtschaftslexikon.
gabler.de/Definition, Abruf: 22.12.2015

[8] KAUFMANN, Sabine ; BUDE, Matthias: *Finanzkrise 2008*.
http://www.planet-wissen.de/gesellschaft/wirtschaft/boerse/
pwiefinanzkrise100.html, Abruf: 02.02.2016

[9] DAS STATISIK-PORTAL: *Staatsverschuldung in den Mitgliedsstaaten im 3. Quartal 2015 in Relation zum Bruttoinlandsprodukt*. http://de.
statista.com/statistik/daten/studie/163692/umfrage/staatsver%
schuldung-in-der-eu-in-prozent-des-bruttoinlandsprodukts/,
Abruf: 01.02.2016

[10] LANDESZENTRALE FÜR POLITISCHE BILDUNG BADEN-WÜRTTEMBERG:
Finanzkrise in Griechenland. http://www.lpb-bw.de/finanzkrise_
griechenland.html#c23891, Abruf: 01.02.2016

[11] REUTERS: *Troika fordert weitere Reformen von Griechenland.* `http://www.handelsblatt.com/politik/international/finanzkrise-troika-fordert-weitere-reformen-von-griechenland/11126340.html`, Abruf: 02.02.2016

[12] BIEHL, Rüdiger: *Korruption. Definition, Strukturen und Verbreitung.* GRIN Verlag, 2006. – ISBN 978–3–656–79434–9

[13] SAROVIC, Alexander: *Lobbyisten im Bundestag: Das Rätsel der Hausausweise.* `http://www.spiegel.de/politik/deutschland/lobbyismus-im-bundestag-diese-gruppen-haben-zutritt-a-1059647.html`, Abruf: 18.12.2015

[14] DEUTSCHER BUNDESTAG: *Anlage 2 - Registrierung von Verbänden und deren Vertretern.* `http://www.bundestag.de/bundestag/aufgaben/rechtsgrundlagen/go_btg/anlage2/245180`, Abruf: 18.12.2015

[15] HARBARTH, Dr. S.: *Persönliche Hompage.* `http://www.stephan-harbarth.de/index.php/person`, Abruf: 22.12.2015

[16] HALL, Dr. A.: *SZA-Anwalt Harbarth im Interessenskonflikt.* `http://www.lto.de/recht/kanzleien-unternehmen/k/vw-abgasaffaere-sza-stephan-harbarth-interessenskonflikt/`, Abruf: 27.11.2015

[17] DEUTSCHER BUNDESTAG: *Bekanntmachung der öffentlichen Liste über die Registrierung von Verbänden und deren Vertretern.* `https://www.bundesanzeiger.de`, Abruf: 27.11.2015

[18] DEUTSCHER BUNDESTAG: *Tätigkeiten und Einkünfte neben dem Mandat.* `http://www.bundestag.de/bundestag/abgeordnete18/nebentaetigkeit`, Abruf: 20.12.2015

[19] KHAN, Prof. Dr. Daniel-Erasmus: *Internationale Verträge - Europarecht.* Verlag C.H. Beck oHG, 2015. – ISBN 978–3–406–45219–2

[20] WELT-IN-ZAHLEN.DE: *Vergleichskriterium: Fischfang.* `http://www.welt-in-zahlen.de/laendervergleich.phtml?indicator=106`, Abruf: 18.12.2015

[21] EUROPÄISCHE KOMMISSION: *Die Gemeinsame Fischereipolitik.* `http://ec.europa.eu/fisheries/cfp/index_de.htm`, Abruf: 18.12.2015

[22] VEREINTEN NATIONEN: *Charta der Vereinten Nationen.* `http://www.staatsvertraege.de/uno/satzung45-i.htm`, Abruf: 30.12.2015

[23] STÄNDIGE VERTRETUNG DER BUNDESREPUBLIK DEUTSCHLAND BEI DER NORDATLANTIKVERTRAGS-ORGANISATION: *Der Nordatlantikvertrag.* `http://www.nato.diplo.de/Vertretung/nato/de/04/Rechtliche_ _Grundlagen/Nordatlantikvertrag.html`, Abruf: 30.12.2015

[24] DEUTSCHE BUNDESBANK: *Die Europäische Währungsunion.* `http://www.bundesbank.de/Navigation/DE/Bundesbank/Eurosystem/ Europaeische_Waehrungsunion/europaeische_waehrungsunion.html`, Abruf: 30.12.2015

[25] SCHULTZE, Rainer-Olaf ; NOHLEN, Dieter: *Lexikon der Politik, Band 7, Politische Begriffe.* C.H.Beck, 1998. – ISBN 978–3406369117

[26] BRACHER, Karl D.: *Zeitalter der Ideologien. Eine Geschichte des politischen Denkens im 20. Jahrhundert.* dtv, 1985. – ISBN 3–423–04429–2

[27] AMNESTY INTERNATIONAL: *Amnesty International Report.* S. FISCHER Verlag, 21. Mai 2015. – ISBN 978–3100008381

[28] SCARFF, Oli: *G8 L'Aquila Summit Continues.* Getty Images Europe, 2003

[29] TAGESSCHAU: *Wir verkünden, dass Gaddafi getötet wurde.* `http://www.tagesschau.de/ausland/gaddafi402.html`, Abruf: 20. Oktober 2011

[30] SF-DRS: *Das libysche Paradox Muammar al-Gaddafi.* `https://www.youtube.com/watch?v=snvXUsJQCbw`, Abruf: 01. Dezember 2015

[31] KONRAD-ADENAUER-STIFTUNG E.V: *Die Vision von den Vereinigten Staaten von Afrika.* `http://www.kas.de/westafrika/de/publications/ 15799/`, Abruf: 04. Dezember 2015

[32] BUNDESMINISTERIUM FÜR WIRTSCHAFTLICHE ZUSAMMENARBEIT UND ENTWICKLUNG: *Afrikanische Union.* `http://www.bmz.de/de/laender_ regionen/afrikanische_union/index.html`, Abruf: 29.12.2015

[33] DANILJUK, Malte: *Die libysche Katastrophe.* `http://www.heise.de/tp/ artikel/43/43600/1.html`, Abruf: 21.12.2015

[34] WORLD HEALTH ORGANIZATION: *Country Cooperation Strategy for WHO and Libya 2010 -2015.* `http://www.who.int/countryfocus/cooperation_ strategy/ccs_lby_en.pdf`, Abruf: 12.11.2015

[35] WELTN24 GMBH: *Das befreite Libyen ist mit Gott und sich allein.* http://www.welt.de/politik/ausland/article13688509/ Das-befreite-Libyen-ist-mit-Gott-und-sich-allein.html, Abruf: 30.11.2015

[36] DEUTSCHER BUNDESTAG: *Amtliche Protokolle Übersicht 2013.* http://webarchiv.bundestag.de/cgi/show.php?fileToLoad=2948&id=1223, Abruf: 28.12.2015

[37] DEUTSCHER BUNDESTAG: *Tagesordnung, Einberufung, Leitung der Sitzung und Ordnungsmaßnahme.* http://www.bundestag.de/bundestag/ aufgaben/rechtsgrundlagen/go_btg/go06/245164, Abruf: 29.12.2015

[38] SCHRÖDER, Gerhard: *Mut zu Reformen.* http://gerhard-schroeder.de/ startseite/reformen/, Abruf: 29.12.2015

[39] BUNDESMINISTERIUM DER JUSTIZ UND FÜR VERBRAUCHERSCHUTZ: *Sozialgesetzbuch (SGB) Zweites Buch (II).* http://www.gesetze-im-internet.de/sgb_2/inhalts_bersicht.html, Abruf: 29.12.2015

Abbildungsverzeichnis

Tabellenverzeichnis